JE RÉSOUS LE RUBIK'S CUBE 2X2 COMME LES CHAMPIONS

Méthodes avancées:

Fridrich

et

Ortega

Antonia Vanderhick

Livre jeunesse : Loi N° 49-956 du 16 juillet 1949 sur les publications destinées à la jeunesse, modifiées par la loi N° 2011-525 du 17 mai 2011.

Dépôt légal : Février 2026

ISBN : 9782488832038

INTRODUCTION

Si vous savez déjà comment résoudre le Rubik's Cube 3x3 avec de la vitesse et que vous avez appris 2x2 avec la méthode de base, alors vous serez stimulés par la résolution de vitesse au 2x2. Ce manuel présente deux méthodes avancées de résolution au 2x2 : la méthode Fridrich et la méthode Ortega, qui nécessitent plus d'apprentissage, plus de mémoire et un entraînement plus poussé.

La méthode de base permet d'obtenir de très bons résultats en vitesse. Mais pour gagner du temps (et aussi pour varier les plaisirs du speedcubing !), il est nécessaire de passer aux méthodes avancées. Si vous voulez vraiment réussir à gagner du temps avec le Rubik's Cube 2x2, il est très utile de connaître les deux méthodes avancées ensembles. En effet, la méthode Fridrich et la méthode Ortega se complètent : il y a des cas où la méthode d'Ortega seule ne suffit pas et vous comprendrez pourquoi quand vous l'apprendrez. Les différents cas qui peuvent survenir lors de la résolution incitent le cubeur à choisir l'une des deux méthodes, ou même à les combiner. La vitesse au 2x2 est à la fois une question d'entraînement et une question de possibilités de repérage visuel. Elle exige, comme toute résolution du Rubik's Cube, un très bon "look ahead", c'est-à-dire une capacité d'anticiper les possibilités les plus intéressantes des cas à résoudre.

La méthode Fridrich est une adaptation de la méthode du même nom au 3x3, ce qui la rend d'autant plus intéressante pour ceux qui connaissent déjà cette méthode. Elle peut également être apprise au 2x2 indépendamment de la méthode de Fridrich au 3x3.

La méthode Ortega, par contre, est complétement différente et elle est très intéressante dans ses principes et dans les possibilités qu'elle offre au cubeur.

Alors prenez votre Rubik's Cube 2x2, bon apprentissage et prenez beaucoup de plaisir !

PREMIÈRE MÉTHODE AVANCÉE

LA METHODE FRIDRICH

La résolution du Rubik's Cube 2x2 selon la méthode de Fridrich est certainement la méthode la plus rapide pour résoudre le 2x2. Elle se compose de trois étapes :

1. Faire la première couronne.
2. Faire la face jaune sans se soucier de la bonne place des pièces.
3. Terminer le cube directement.

La première étape étant exactement la même que celle décrite dans la méthode de base, nous passerons immédiatement à la réalisation de la deuxième couronne, qui est complétement différente de la méthode de base. Notez que la procédure est la même qu'avec la méthode Fridrich au 3x3, c'est-à-dire que l'on commence par faire toute la face jaune sans se soucier du placement des pièces, et l'on enchaîne ensuite avec l'algorithme correspondant à la configuration qui apparaît.

I

CRÉER UNE FACE JAUNE

Il y a trois grands cas à étudier:

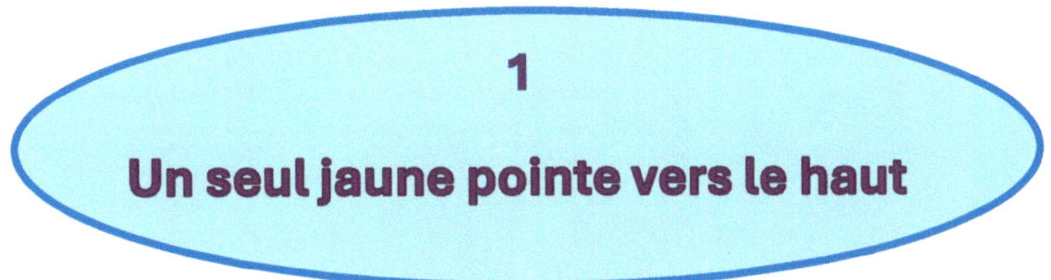

1

Un seul jaune pointe vers le haut

Quand on voit un seul coin pointant son jaune vers le haut, on le place immédiatement sur le côté droit et l'on regarde la direction du « sticker » jaune du coin situé devant lui, face à nous :

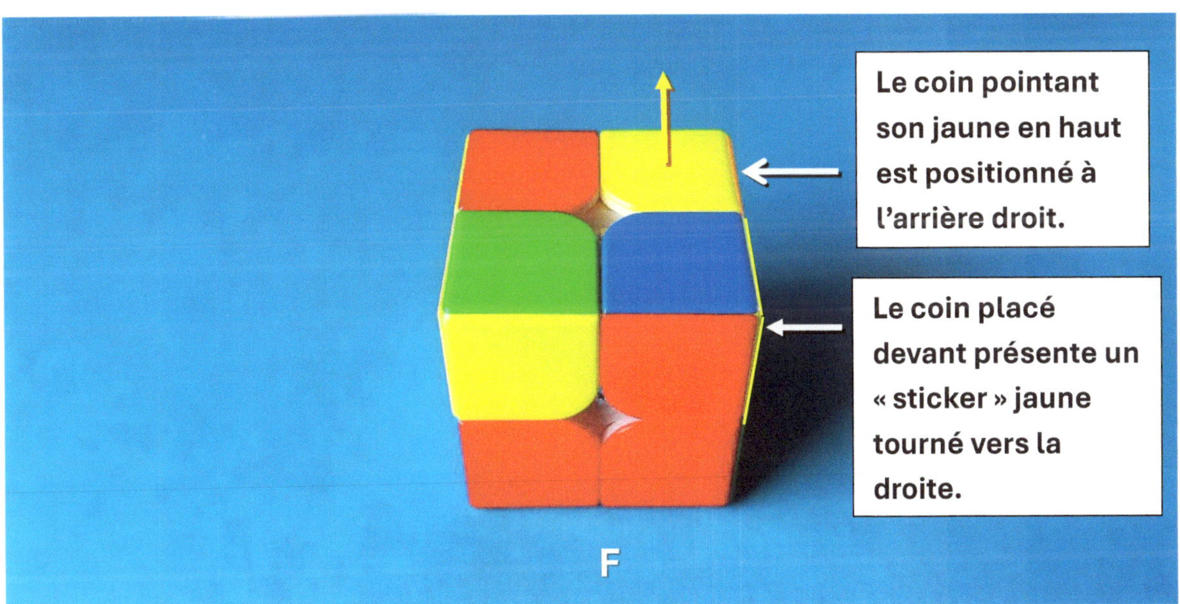

Figure 1

Quand on est dans cette configuration, on se place comme indiqué sur la figure 1 et l'on applique : **R 2U R' U' R U' R'**

👉 Il s'agit de l'OLL Cross des trois coins manquants avec un « sticker » jaune pointant vers le côté droit de la méthode Fridrich au 3x3.

Au contraire, le coin devant nous peut nous montrer son « sticker » jaune comme dans la figure 2 :

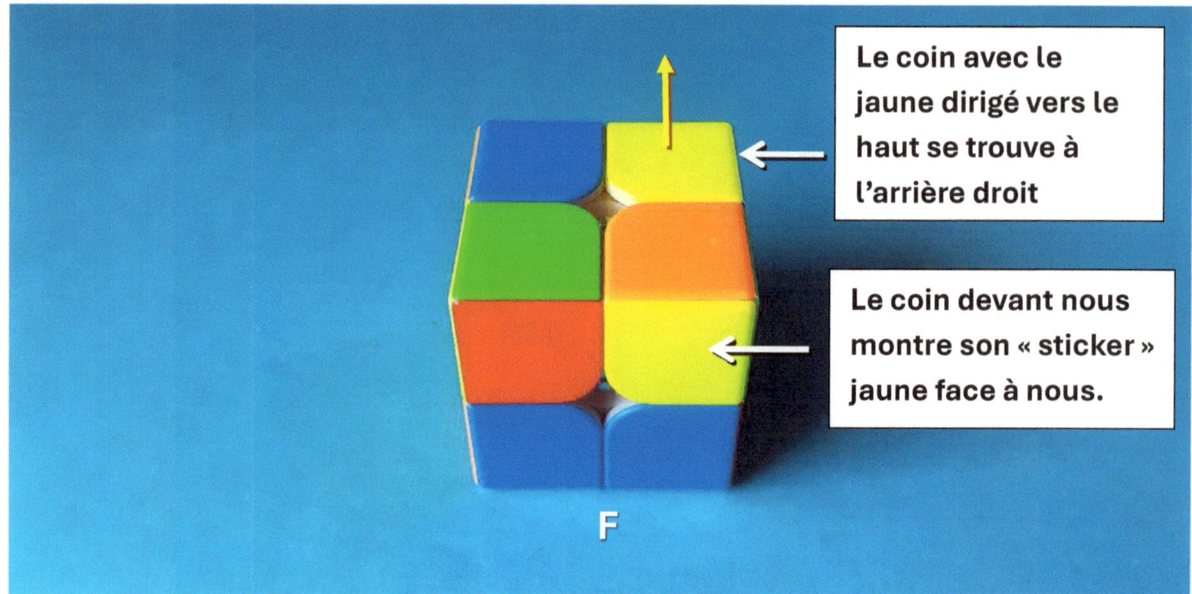

Figure 2

Dans ce cas, on se positionne selon la configuration de la figure 3:

Figure 3

Nous faisons: **R U R' U R 2U R'**

👉 C'est le cas de l'OLL de la méthode Fridrich au 3x3 avec les trois coins manquants et le coin droit qui montre son sticker jaune.

Et la face jaune est faite.

2

Deux coins jaunes adjacents pointent vers le haut

On peut se trouver dans la configuration de la figure 4 : les deux coins qui ont leurs jaunes dirigés vers le haut sont côte à côte sur le côté droit, et les deux autres coins sont ensembles pointant vers le côté gauche :

1er CAS

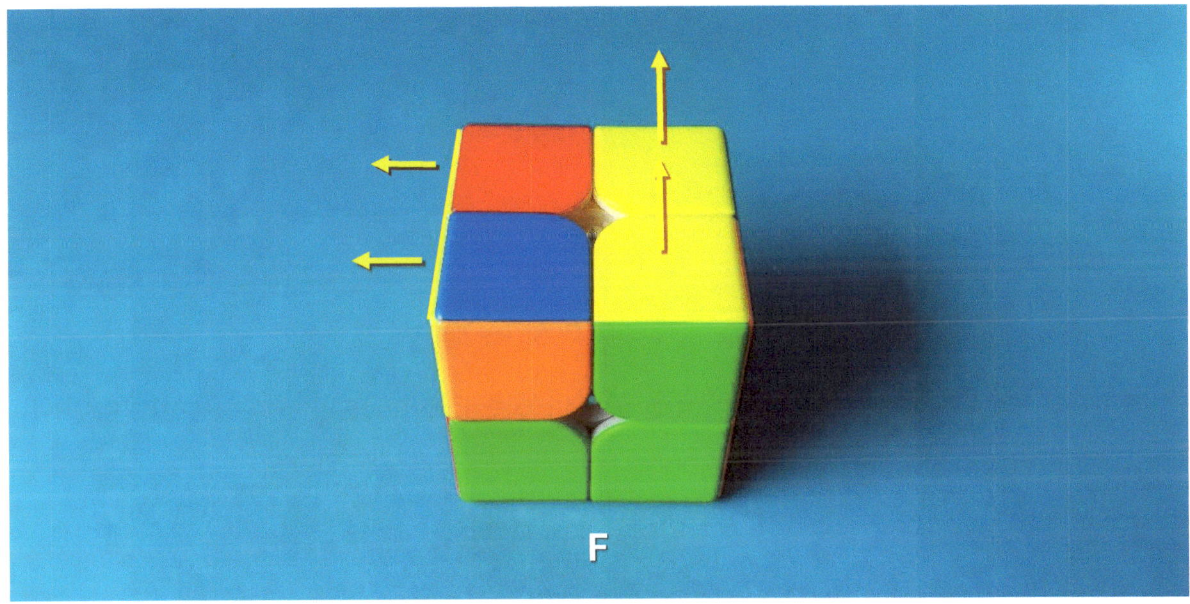

Figure 4

Dans ce cas, on se positionne selon la figure 4 et on fait :

F R U R' U' F', c'est-à-dire : **F - Ascenseur - F'**

On peut avoir la configuration de la figure 5, les deux jaunes étant juxtaposés à droite et les deux autres orientés vers l'extérieur :

2ème CAS

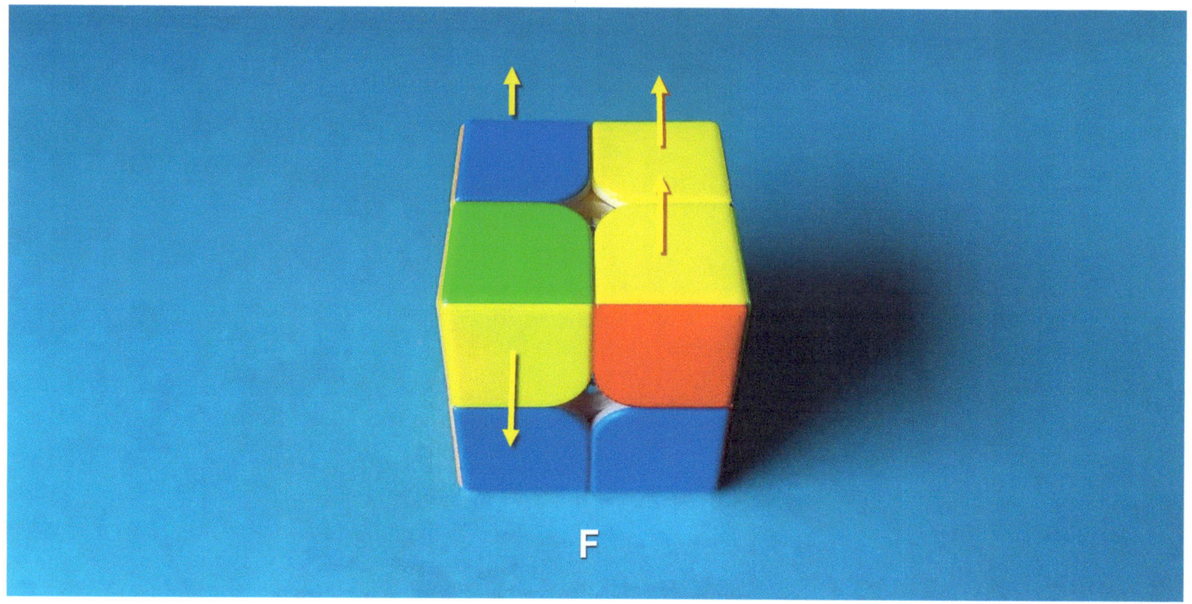

Figure 5

Dans ce cas, on se place comme indiqué à la figure 5, et on applique la formule:

R U R' U' R' F R F'

Autrement dit : **1 Ascenseur + 1 Sledge Hammer.**

3

Deux coins jaunes en diagonale pointent vers le haut

On peut avoir la configuration suivante, où les deux jaunes qui pointent vers le haut ne sont pas l'un à côté de l'autre mais en diagonale. Dans ce cas, une seule configuration est possible :

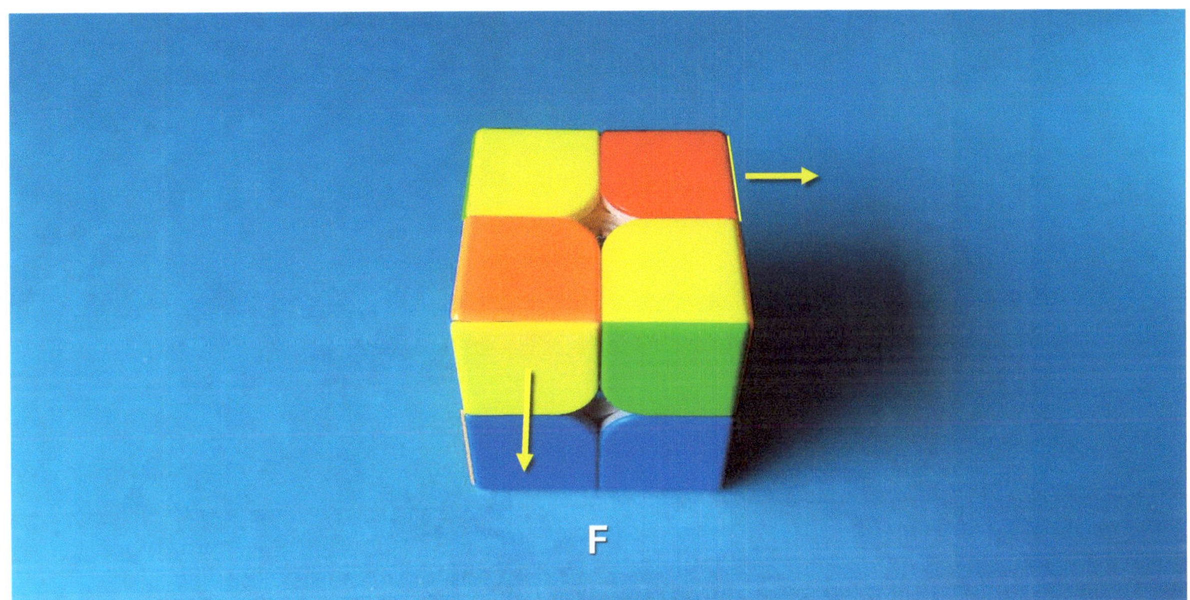

Figure 6

On se place comme dans la figure 6 et on fait :

F R U' R' U' R U R' F'

👉 **C'est aussi la première partie de la PLL-Y au 3x3, c'est-à-dire l'algorithme de la PLL-Y sans l'ascenseur et le Sledge Hammer.**

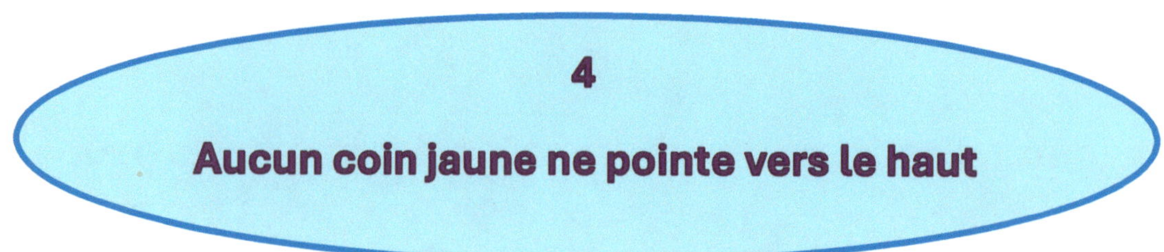

4
Aucun coin jaune ne pointe vers le haut

Si aucun jaune n'est orienté vers le haut, il existe deux configurations possibles:

1er CAS

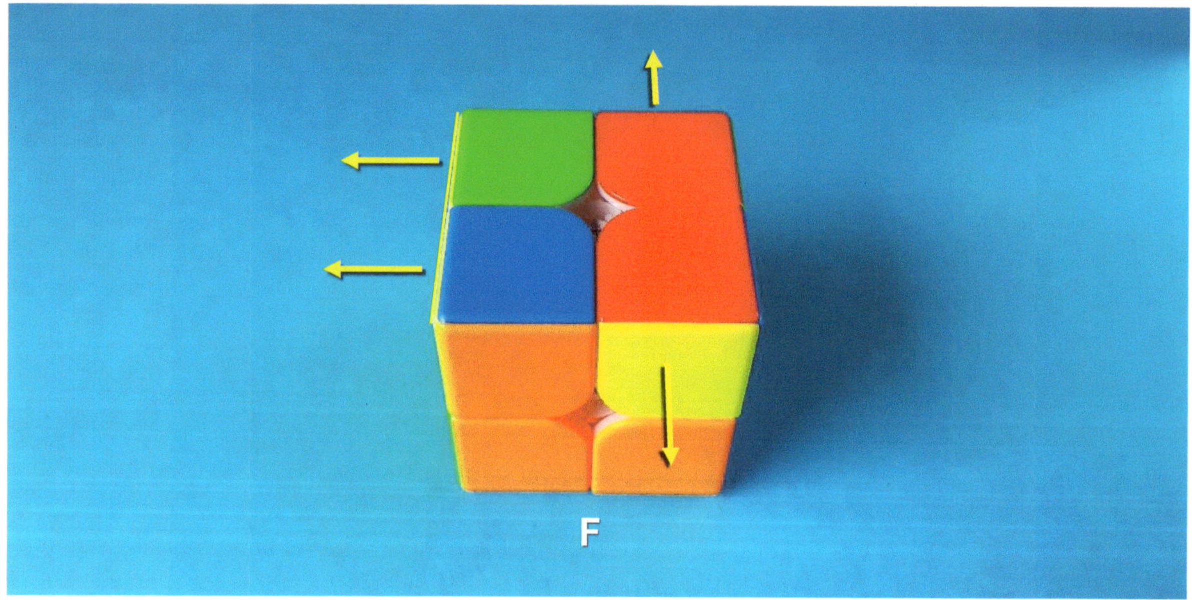

Figure 7

Dans ce cas, deux coins jaunes sont l'un à côté de l'autre, pointant vers la gauche, et les deux autres sont extravertis, avec une face vers nous et l'autre vers l'arrière.

On positionne les deux coins jaunes côte-à-côte à gauche comme sur la photo 7, avec les deux autres tournés l'un vers l'arrière et l'autre vers nous:

F – 2 Ascenseurs - F'

2ème CAS

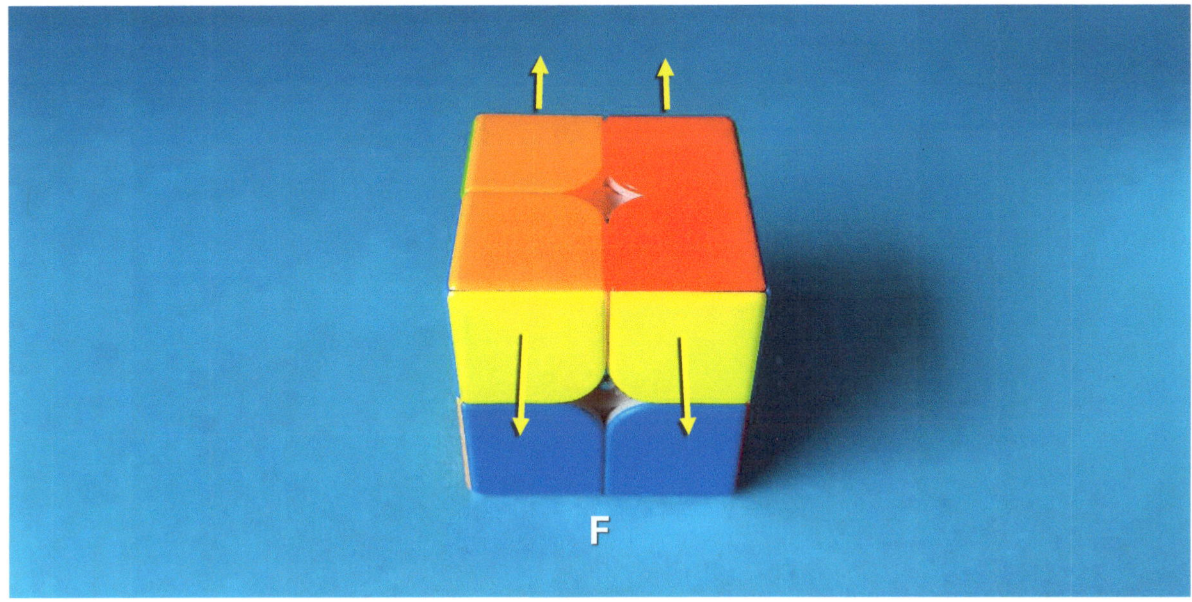

Figure 8

Dans ce cas, il y a deux « stickers » jaunes d'un côté et deux « stickers » jaunes vers l'arrière. On se place comme indiqué sur la figure 8, avec deux stickers à l'avant et deux à l'arrière. Deux algorithmes sont possibles :

2F 2U R 2U 2R

ou

F + 2 ascenseurs + F'

👉 C'est le cas de l'OLL Cross au 3x3 où les quatre coins sont absents, avec deux stickers jaunes pointant vers nous et deux vers l'arrière.

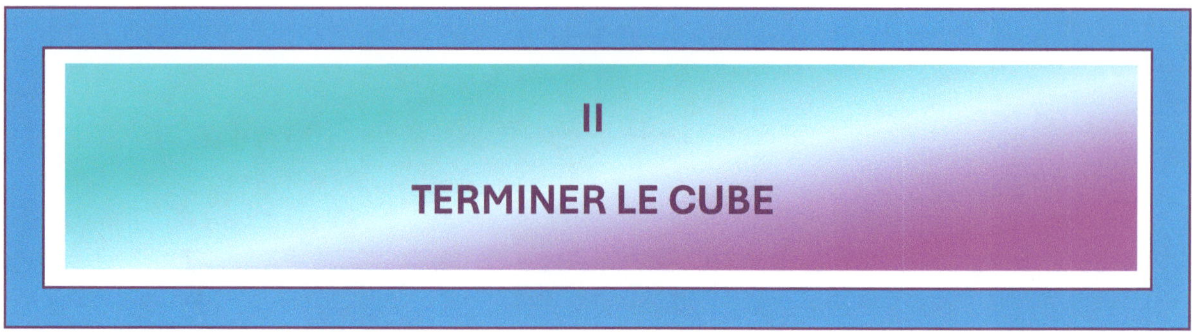

II

TERMINER LE CUBE

Si le cube n'est pas terminé à l'étape précédente, les derniers coins doivent encore être placés correctement. Ici aussi, deux cas peuvent se présenter :

1er CAS

Figure 9

Le cas de la figure 9 montre deux coins résolus et deux qui sont mal positionnés. Les deux coins résolus sont côte à côte. Dans ce cas, on se place comme indiqué sur la figure 10 et on applique la formule indiquée :

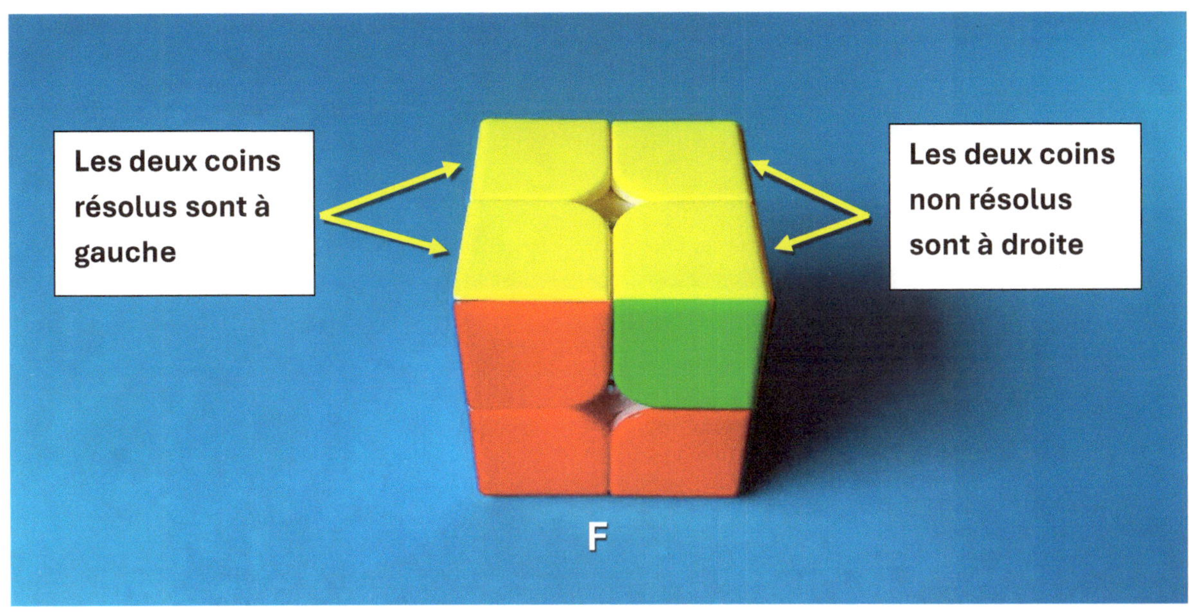

Figure 10

1 Ascenseur + R' F 2R U' R' U' R U R' F'

👉 Il s'agit de la PLL-T de la méthode Fridrich au 3x3.

2ème CAS

Figure 11

Ici, les deux coins résolus sont en diagonale. On peut placer n'importe quelle face devant nous, et appliquer la PLL-Y de la méthode Fridrich au 3x3 :

F R U' R' U' R U R' F' + ASCENSEUR + SLEDGE HAMMER

DEUXIÈME MÉTHODE AVANCÉE

LA MÉTHODE ORTEGA

La méthode Ortega est aussi une méthode avancée de résolution. Elle est assez complexe et elle n'apporte d'amélioration en termes de temps que si elle est parfaitement maîtrisée. **Elle doit être utilisée en complément de la méthode Fridrich pour certains cas.** La méthode Ortega offre l'avantage d'un gain de temps pour la première face, car elle n'oblige pas de construire cette première face résolue, comme dans la méthode Fridrich. Elle donne toute son ampleur dans les mains des « colors neutrals », c'est-à-dire des cubeurs qui peuvent résoudre n'importe quelle face en premier sans que celle-ci soit forcément la face blanche.

Elle se résout en trois étapes :

1) Faire la face blanche (nous prendrons la face blanche comme point de départ pour apprendre la méthode).
2) Faire la face opposée (donc ici la face jaune).
3) Terminer le cube suivant la configuration apparente.

PREMIÈRE ÉTAPE

FAIRE LA FACE BLANCHE NON COURONNÉE

Comme nous l'avons signalé, la première étape consiste à faire la face blanche sans que celle-ci soit couronnée. Donc peu importe que les coins de cette première face soient ou non à leur bonne place. Il n'y a pas de formules spéciales pour réaliser cette étape. Il faut juste placer les coins contenant du blanc de telle sorte que la face blanche soit formée. Cette étape est donc normalement plus rapide qu'en méthode Fridrich.

Les figures 1 et 2 montrent la face blanche faite selon la méthode Ortega. **Les coins blancs forment une face non couronnée.** On place cette face blanche sur le dessous quand elle est faite :

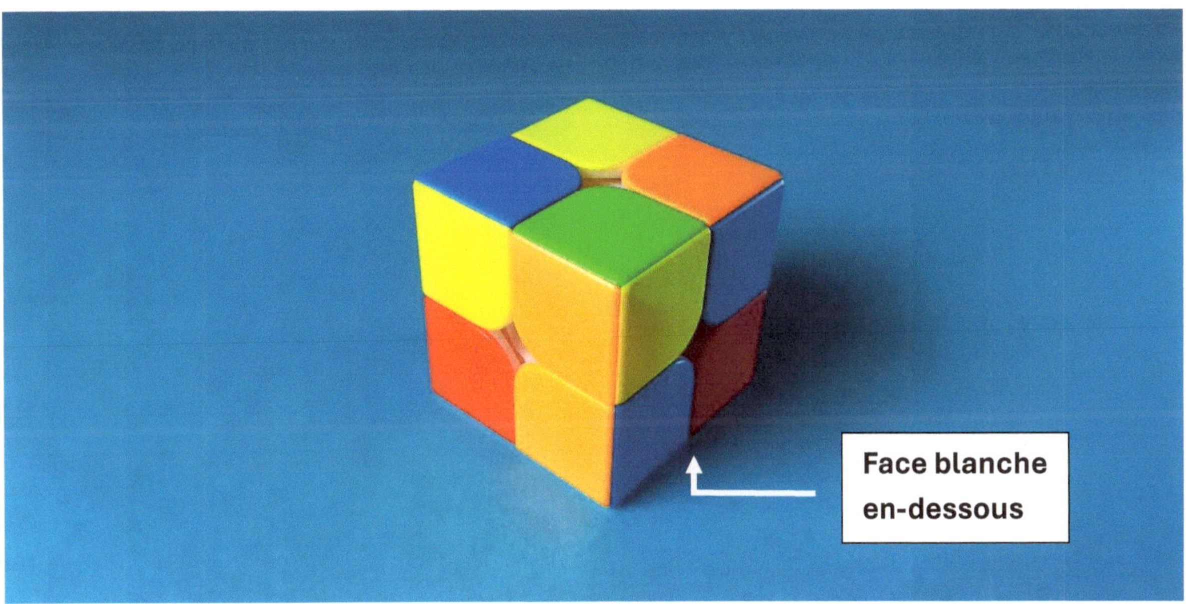

Figure 1

Figure 2

La première étape est donc à travailler en trouvant les façons de créer une face non couronnée en faisant le moins de mouvements possibles. Il n'y a rien de spécial à apprendre pour cette étape, et chaque speedcubeur doit faire ses propres repérages pour optimiser la réunion des coins (blancs si la première face est la blanche) en une face unie.

Nous allons voir quelques exemples de petits mouvements à faire pour créer la première face, que nous choisirons blanche par commodité.

<u>Exemple 1</u>

Figure 3

Une des façons les plus utiles de faire, est de former <u>des petites barres blanches</u>. Sur la figure 3 par exemple, on voit qu'il suffit de lever le coin de gauche (ou d'abaisser lc coin de droite) pour former une barre blanche (Figure 4).

Figure 4

Exemple 2

Lorsque trois coins avec du blanc sont déjà placés (figure 5), et que le coin blanc qui reste à placer pointe son étiquette blanche vers le haut, on utilise cette méthode :

on place les trois coins blancs en-dessous (Figure 6) :

Figure 5

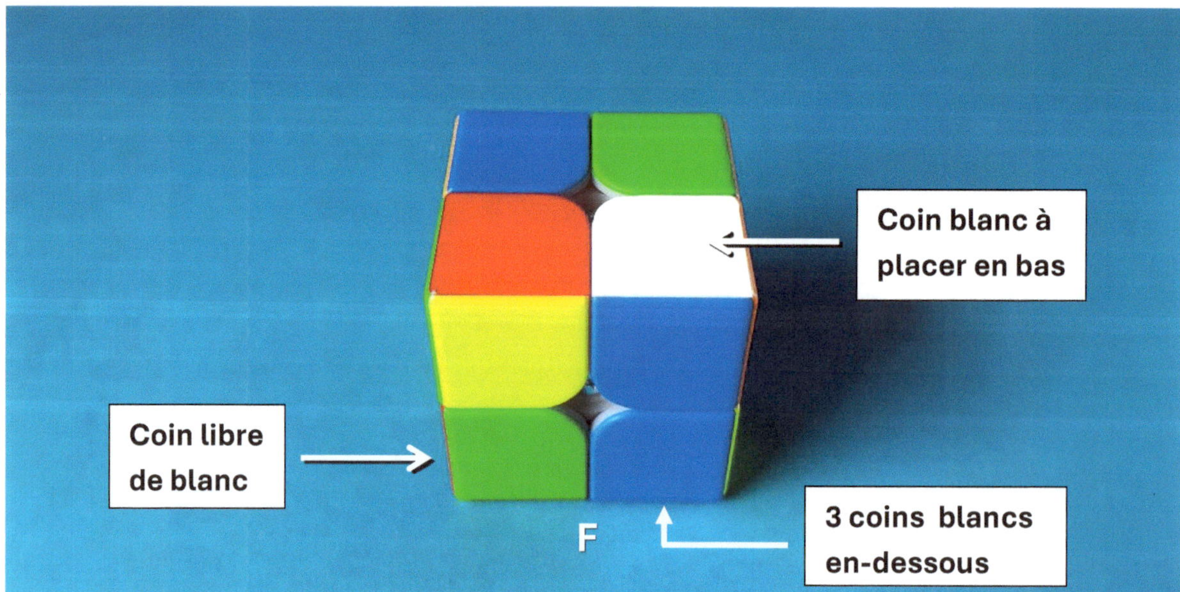

Figure 6

Dans ce cas, il faut positionner le coin à placer, non pas au-dessus du coin sans blanc, mais à côté, et on fait : **2L U 2L**.

On peut faire aussi le symétrique, avec le coin libre à droite et le coin du dessus à gauche, puis appliquer : **2R U' 2R.**

Exemple 3

Figure 7

Sur l'exemple de la figure 7, il y a déjà une barre blanche et il y a deux coins dont l'étiquette blanche pointe vers le haut, et en diagonale. Dans ce cas, nous positionnons la barre blanche à droite, et les deux coins placés comme sur la figure 7, et on fait : **1 ascenseur**, et la face blanche est faite.

Exemple 4

Sur la figure 8, il n'y a aucune barre blanche, mais on regarde comment en former une :

Figure 8

En faisant **2L**, on amène le coin blanc de l'arrière à côté du coin qui est face à nous à droite (Figure 9) :

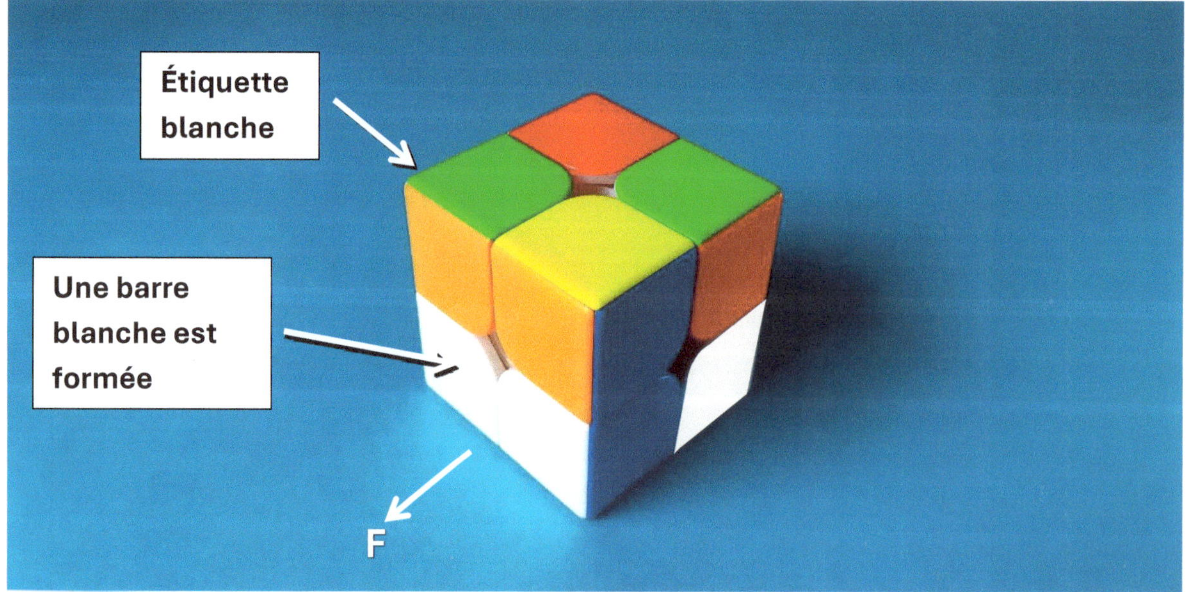

Figure 9

Puis on remarque qu'il suffit de faire **2F** pour amener l'étiquette blanche du haut à côté de celle qui est encore seule en bas, ce qui donne la figure 10 :

Figure 10

Il y a maintenant deux barres blanches qui sont formées, et il n'y a plus qu'à les mettre l'une à côté de l'autre pour terminer la face blanche.

Ces quelques exemples ont montré qu'il n'est pas nécessaire, ni conseillé, de faire la première face sur le dessous comme pour la méthode de base ou la méthode Fridrich. <u>En méthode Ortega, on manipule le cube dans tous les sens de façon à faire la face blanche (ou d'une autre couleur que l'on aura choisi de faire) le plus rapidement possible</u>. Le gain de temps de cette méthode réside en grande partie dans la rapidité à faire la première face ; c'est la raison pour laquelle il faut s'entraîner à retenir tous les petits mouvements qui vont réunir les quatre « stickers » blancs (ou ceux de la couleur choisie). Il est également important de choisir, lors du temps d'inspection du cube, la face qui sera formée le plus rapidement possible.

La seconde étape est de faire la face opposée à la face blanche, donc pour notre exemple, la face jaune. **Cette étape est exactement la même que celle des 7 cas d' OLL de la méthode Fridrich que nous avons vus plus haut. Reportez-vous aux pages 7 à 13 de la méthode Fridrich.**

Nous allons donc maintenant définir la troisième étape, qui comporte des algorithmes spécifiques à la méthode Ortega.

TROISIÈME ÉTAPE

TERMINER LE CUBE SELON LA CONFIGURATION DES PIÈCES

Nous allons voir chacun des cas qui peuvent se présenter après avoir fait la seconde face (ici la face jaune) et nous donnerons l'algorithme qui lui correspond pour résoudre le cube de façon à le terminer dans cette ultime étape.

1er cas

Le premier cas comporte une barre sur la couronne du haut et une barre sur la couronne du bas, et rien d'autre. Il faut les mettre l'une au-dessus de l'autre comme l'indique la figure 1 :

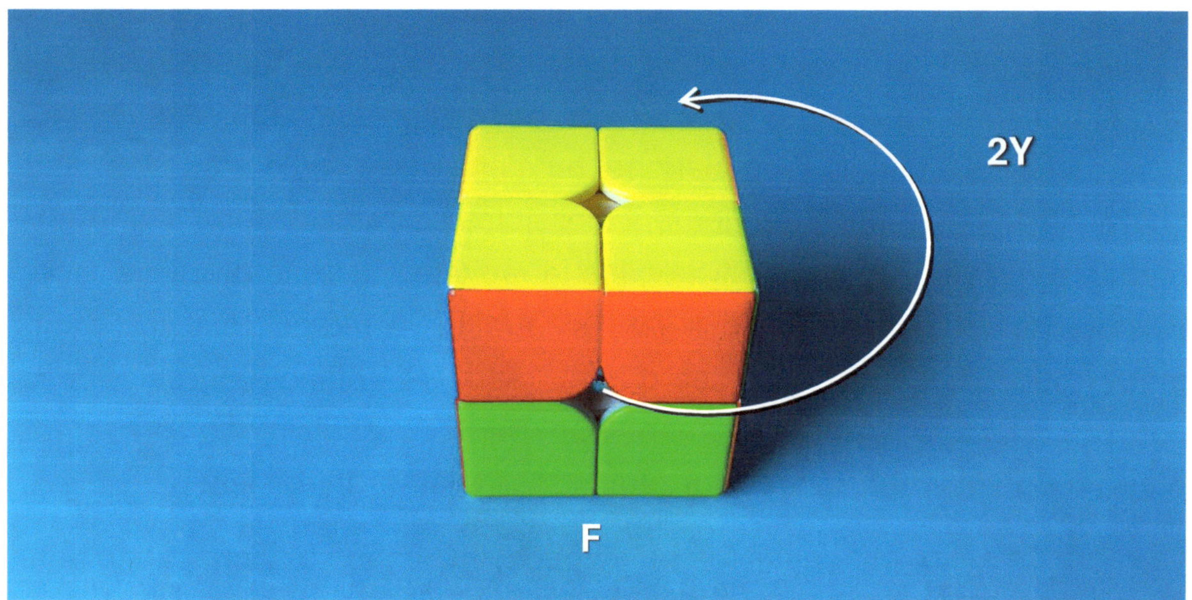

Figure 1

On résout ce cas en commençant par **mettre la face qui comporte les deux barres sur l'arrière** (en faisant **2Y**), puis en appliquant l'algorithme suivant :

2R U' 2R 2U Y 2R U' 2R + (ajuster la face).

2ème cas

Le second cas montre deux colonnes l'une à côté de l'autre, et la face opposée est faite d'une seule couleur (la Figure 2 montre les deux colonnes). **Il faut que les deux visuels soient réunis : à la fois deux colonnes l'une à côté de l'autre ET une face unie :**

Figure 2

On place les deux colonnes face à nous, et la face unie sur l'arrière. Puis on fait l'algorithme suivant :

2R U' 2R 2U Y 2R U' 2R

➡ Il arrivera parfois que l'on voit deux colonnes (soit l'une à côté de l'autre, soit l'une opposée à l'autre), mais sans que l'on puisse former une face unie sur l'arrière. Dans ce cas, il s'agit en fait du cas N° 1, et il faudra tourner la face du haut pour aligner les deux barres qui ne sont pas encore alignées.

3ème cas

Le troisième cas est très facile à repérer car il ne fait voir que des colonnes :

Figure 3

Dans ce cas (Figure 3), nous pouvons nous mettre avec n'importe quelle face en face de nous, et faire l'algorithme suivant :

2R 2F 2R

4ème cas

Le quatrième cas (Figure 4) ne montre que des diagonales. Mais en fait, il suffit de tourner la face du haut pour retrouver le cas précédent : il suffit donc de faire **2U** puis **2R 2F 2R :**

Figure 4

5ème cas

Ce cas montre **une seule barre sur le haut, ET RIEN D'AUTRE**. Dans ce cas, il faut mettre cette barre au-dessus du coin de la couronne du bas qui est de la même couleur que la barre du haut, et on regarde sa position (Figure 5) :

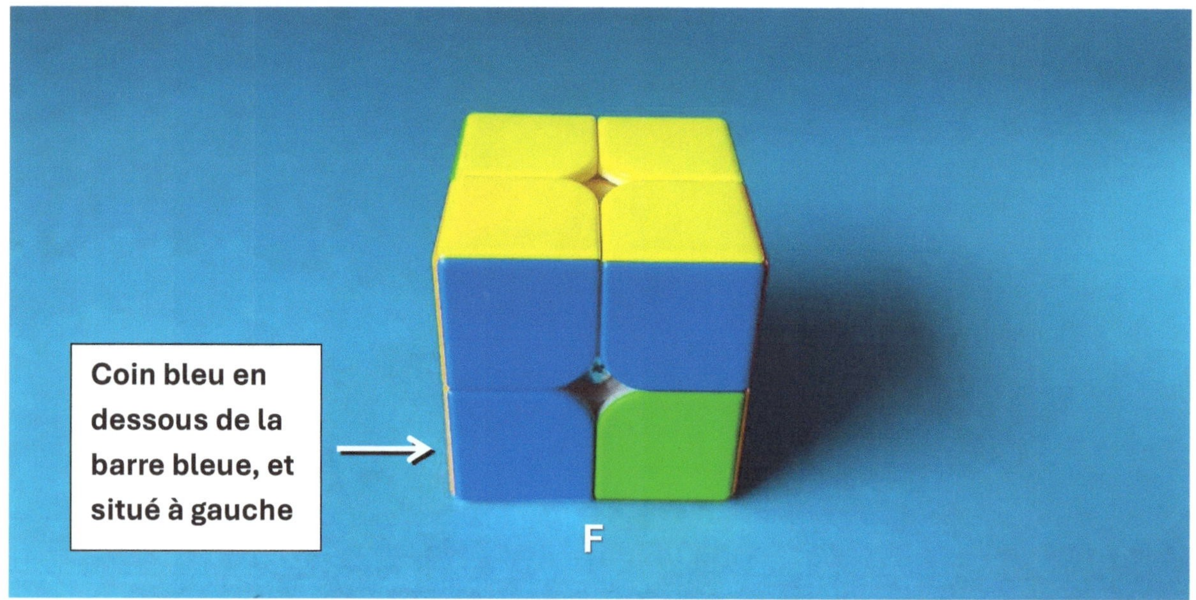

Figure 5

Si le coin du bas qui est de la même couleur que la barre du haut se trouve sur la gauche, on fait l'algorithme suivant :

R' F R' 2B R F' R

6ème cas

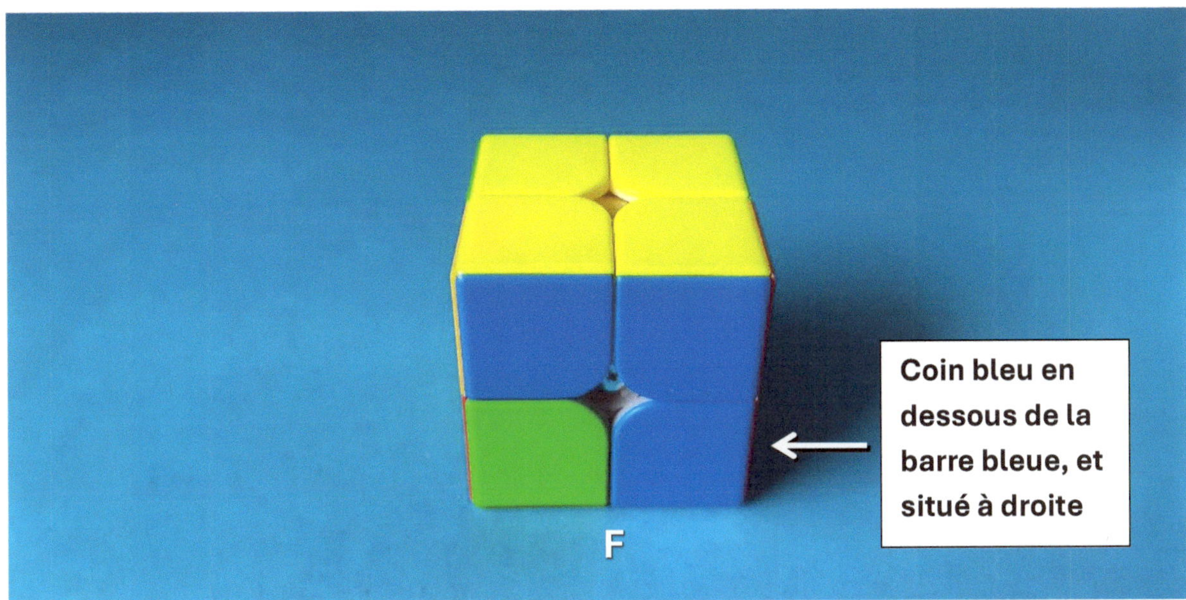

Figure 6

Si le coin du bas qui est de la même couleur que la barre du haut se trouve sur la droite, on fait l'algorithme suivant :

L F' L 2B L' F L'

7ème cas

Dans ce cas, rien n'est fait sur le cube **sauf une barre sur la couronne du bas (Figure 7):**

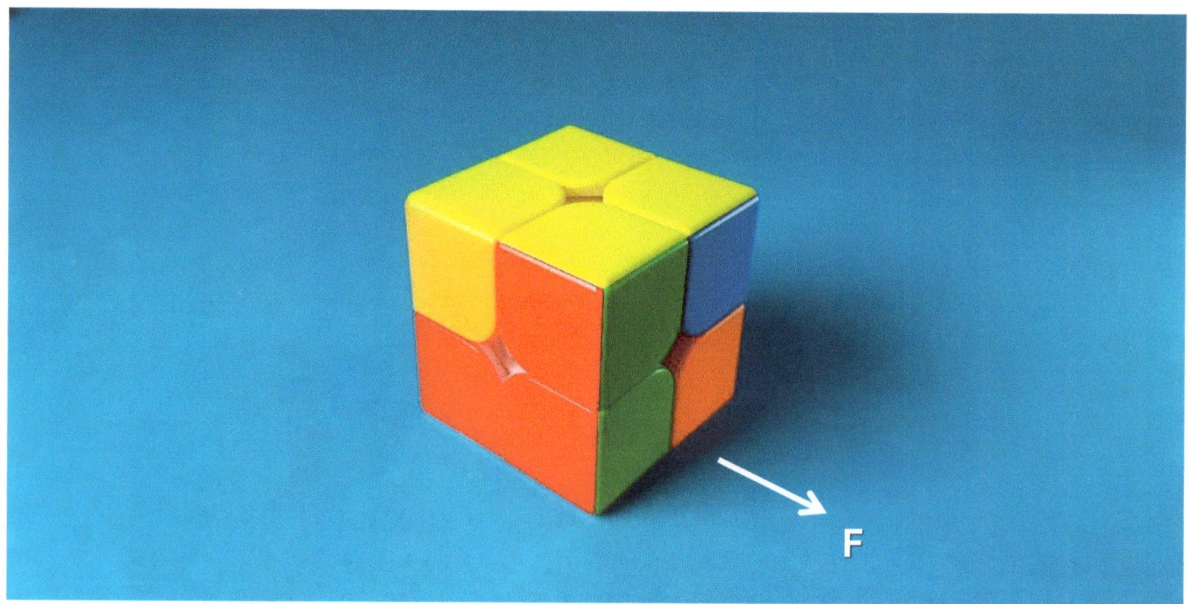

Figure 7

Dans ce cas, **il faut mettre cette barre sur la gauche**, et faire l'algorithme suivant :

2 fois (2R U 2R U') 2R (+ ajuster les faces)

8ème cas

Si après avoir fait la face jaune, on voit que la couronne jaune est résolue, mais non la couronne blanche, dans ce cas, on retourne le cube de manière à mettre la face jaune en-dessous, ce qui nous ramène à un des cas de la méthode Fridrich :

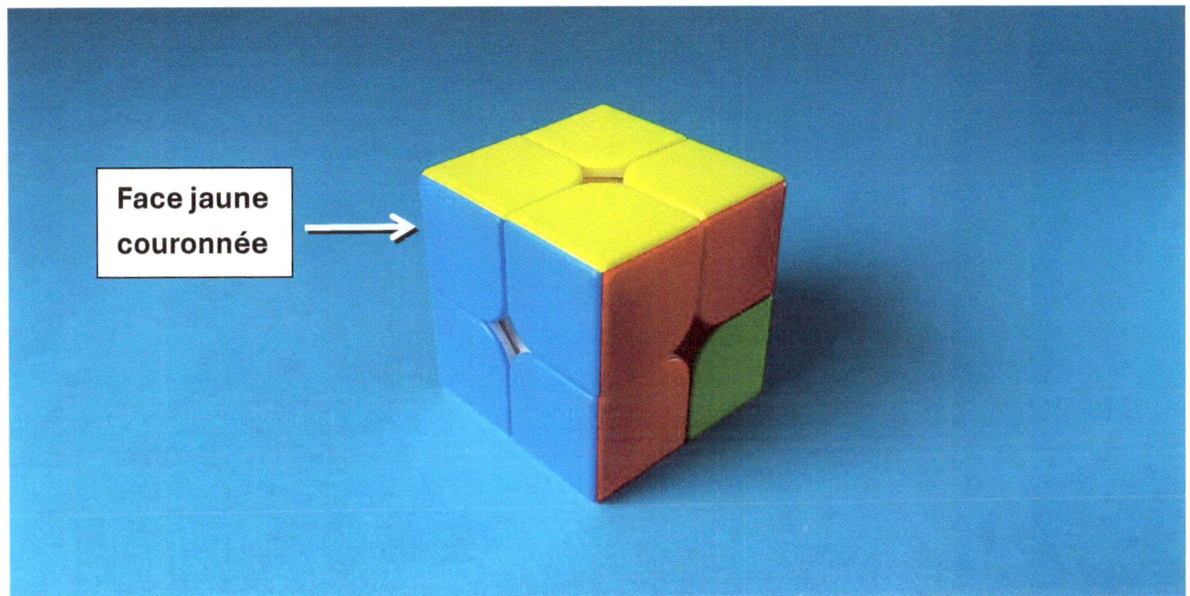

Figure 8

On applique alors soit le cas de la figure 10, soit celui de la figure 11 (page 15).

👉 La connaissance de la méthode Fridrich est donc pré-requise pour bien maîtriser la méthode Ortega.

ET VICTOIRE !

TABLE DES MATIÈRES

www.ingramcontent.com/pod-product-compliance
Lightning Source LLC
LaVergne TN
LVHW070204110826
845147LV00002B/499

* 9 7 8 2 4 8 8 8 3 2 0 3 8 *